Jasmin Markiewicz

HERBST BASTELN MIT KINDERN

25 Basteleien
für die bunte Jahreszeit

CV

Inhalt

Vorwort

Mein Name ist Jasmin, ich bin Mama einer Tochter und leidenschaftliche Bastlerin. Durch meine Schwangerschaft bin ich damals zu Instagram gekommen und habe dort als @fraeullein_jasmin angefangen, neben DIY- und Interior-Ideen sowie leckeren Backrezepten, dir einen Einblick in mein Leben als Mama zu geben.

Kreativ sein war immer eine Leidenschaft von mir. Schon als Kind hat es mir Spaß gemacht, mich beim Basteln auszutoben. Im Erwachsenenalter ist diese Leidenschaft dann etwas eingestaubt, aber das Interesse und die Ideen waren immer in meinem Kopf. Als ich wusste, dass ich mit meiner Tochter schwanger bin, ist diese Leidenschaft aufs Neue entflammt. Und seitdem mache ich vor fast keinem DIY halt.

Meine Tochter ist für mich meine größte Inspiration. Durch sie entstehen ganz viele Ideen und wir beide lieben es, gemeinsam an unserem Esstisch zu sitzen und neue Projekte zu basteln. Ihr verdanke ich auch dieses Buch – sie ist meine Motivation, mein Antrieb, mein größter Stolz.

Viele Projekte aus diesem Buch werden mit Naturmaterialien gebastelt. Wenn du einen Spaziergang draußen unternimmst, dann halte die Augen nach natürlichen Schätzen auf. Denn ein Tannenzapfen kann so viel mehr als nur ein Tannenzapfen sein, und herabgefallene Blätter sind ebenfalls großartige Bastelmaterialien. Mir war es wichtig, ein Bastelbuch zu gestalten, welches keine lange Materialliste enthält. Sondern eins, bei dem man fast alles zu Hause hat und vieles draußen in der Natur findet.

Ich hoffe, meine Projekte gefallen dir. Dieses Buch soll für dich eine Sammlung von Bastelideen für den Herbst beinhalten, die dir die Langeweile an verregneten Herbsttagen vertreibt.

Viel Freude beim Basteln wünscht dir
Jasmin

Materialliste & Werkzeug

MATERIAL

- Leere Toilettenpapierrollen / Küchenrollen
- Leere Eierkartons
- Pappteller
- Blätter
- Äste & Zweige
- Tannenzapfen & Eicheln
- Walnüsse
- Bastelkarton / Bastelpapier
- Pappe / Karton
- Acrylfarbe
- Stifte / Acrylmarker
- Holzscheiben
- Juteschnur / Kordel
- Filzstoff
- Bänder
- Holzring / Stickrahmen
- Papierstrohhalme
- Holzstäbe
- Kleine Wäscheklammern
- Bastelstäbe / Holzstäbe
- Lichterkette

WERKZEUG

- Stifte
- Schere
- Lineal
- Kleber (Flüssigkleber, Klebestift, Heißkleber)
- Klebeband / durchsichtiger Klebestreifen
- Pinsel / Stupfpinsel
- Locher / Lochzange
- Rollenschneider
- Metallspieß

Süße Igelfigur

Wenn du bei einem Spaziergang draußen ein paar hübsche Blätter gesammelt hast, kannst du mit einer leeren Toilettenpapierrolle in ganz einfachen und wenigen Schritten diesen süßen Igel nachbasteln.

Das brauchst du

- Vorlage Igel
- Leere Toilettenpapierrolle
- Bleistift
- Schere
- Schwarzen Filzstift
- Rosa Filzstift
- Weißen Acrylmarker
- Bunte Laubblätter
- Flüssigen Klebstoff (oder Heißkleber)

So geht's

1 Zuerst drückst du die leere Toilettenpapierrolle flach, so lässt sich die Kontur des Igels besser darauf zeichnen. Für den Igel kannst du die Vorlage von Seite 88 nutzen, oder du zeichnest selbst einen Igel auf die leere Toilettenpapierrolle.

2 Schneide den Igel aus. Achte dabei darauf, nur den vorderen Teil auszuschneiden, so behält der Igel seinen Stand.

3 Nun kannst du dem Igel mit den Stiften einen weißen Bauch, eine Nase, Augen und wenn du magst rosa Wangen zeichnen.

4 Jetzt schneidest du die gesammelten Blätter am unteren Ende gerade ab. Lege die Blätter so an den Igel, wie du sie gern kleben möchtest. Es ist am einfachsten, oben am Kopf mit den kleinsten Blättern zu beginnen. Klebe die Blätter mit flüssigem Kleber an oder frage einen Erwachsenen, ob er dir mit Heißkleber behilflich sein kann. Du kannst so viele Blätter an den Igel kleben, wie du magst.

Waldtier-Anhänger

Aus kleinen Baumscheiben kannst du mit etwas Farbe schnell und einfach niedliche Waldtier-Anhänger basteln. Aufgehängt an einem Ast, an der Wand oder in einer Vase sind sie ein echter Hingucker!

Das brauchst du

- Kleine Holzscheiben
- Bleistift
- Farben
- Pinsel
- Schwarzen Acrylstift
- Weißen Acrylstift
- Äste
- Filzstoff
- Schere
- Flüssigen Klebstoff (oder Heißkleber)
- Juteschnur

So geht's

1 Mit einem Bleistift zeichnest du die Tiergesichter deiner Wahl auf die Holzscheiben auf.

2 Mit einem Pinsel und etwas Farbe malst du den Waldtieren nun ein Fell. Lass die Farbe gut trocknen.

3 Wenn die Farbe getrocknet ist, kannst du den Waldtieren mit weißen und schwarzen Acrylstiften Augen, Nase und Mund aufzeichnen.

4 Aus Filz schneidest du passende Ohren für die Tiere und klebst diese an den Holzscheiben fest. Für das Geweih des Rehbocks kannst du dünne Äste verwenden, die du oben an der Holzscheibe befestigst. Bitte dazu am besten einen Erwachsenen um Hilfe.

5 Aus einem Stück Schnur kannst du die Aufhängung basteln. Diese lässt sich ganz leicht mit etwas flüssigen Klebstoff oder Heißkleber an der Rückseite der Holzscheibe befestigen. Bitte einen Erwachsenen, dir mit dem Heißkleber zu helfen.

1

2

3

4

5

Blätter-Maske

Wenn im Herbst die Blätter von den Bäumen fallen, sammeln wir diese immer fleißig, da man mit ihnen tolle Sachen basteln kann. So ist auch die Idee dieser Blätter-Maske entstanden.

Das brauchst du

- Vorlage Maske
- Bleistift
- Schere
- Festes Papier
- Verschieden große Laubblätter
- Flüssigen Klebstoff
- Band

So geht's

1 Mithilfe der Vorlage von Seite 88 zeichnest du die Maske auf ein festes Papier und schneidest sie dann aus.

TIPP: Pause die Vorlage ab, zeichne sie auf Bastelkarton und schneide sie anschließend aus – so kannst du sie als Schablone verwenden.

2 Nimm dir verschieden große Laubblätter zur Hand und schneide die zarten Stiele ab.

3 Klebe die Blätter auf die Maske auf und lass sie gut trocknen.

4 Anschließend nimmst du etwas Band und schneidest es in zwei Stücke.

5 Zum Schluss klebst du jeweils ein Stück Band an einer Seite der Maske fest.

1

2

3

4

5

Wald-Krone

Was braucht jede(r) König(in) – ganz klar eine Krone. Warum also nicht selbst eine basteln? Mit ein paar gesammelten Naturmaterialien und etwas Pappe lässt sich spielend einfach eine Krone gestalten. Wenn du möchtest, kannst du die Äste beliebig bemalen und so der Krone eine ganz besondere Note verleihen.

Das brauchst du

- Maßband
- Lineal
- Bleistift
- Bastelkarton oder Pappe
- Schere
- Durchsichtiges Klebeband
- Verschieden dicke Äste
- Acrylstifte
- Laubblätter
- Flüssigen Klebstoff (oder Heißkleber)

So geht's

1 Zuerst misst du mit einem Maßband deinen Kopfumfang. Solltest du ihn nicht selbst messen können, bitte einen Erwachsenen, dir dabei zu helfen. Anschließend zeichnest du einen etwa 10 cm breiten Streifen in der Länge deines Kopfumfangs auf Bastelkarton oder Pappe.

2 Klebe den Streifen mit Klebeband zusammen, so hast du die Basis für deine Krone. Zur Anprobe kannst du diese einfach auf den Kopf setzen.

3 Nun schneidest du die draußen gesammelten verschiedenen Äste auf die von dir gewünschte Länge für die Krone. Anschließend kannst du einige dickere Äste ganz nach Lust und Laune mit Acrylstiften bemalen.

4 Befestige jeden Ast einzeln mit durchsichtigem Klebeband an der Krone. Alternativ kannst du auch einen Erwachsenen bitten, dir mit Heißkleber zu helfen.

5 Nachdem du die Äste an die Krone geklebt hast, kannst du die gesammelten Laubblätter nach deinen Wünschen anmalen. Der Fantasie sind hierbei keine Grenzen gesetzt, ganz egal ob einfarbig oder bunt.

TIPP: Du kannst die Blätter auch mit Glitzer verzieren. Streiche dazu einfach etwas flüssigen Klebstoff auf die Blätter und bestäube diese dann mit Glitzer.

6 Zum Schluss klebst du die Blätter an die Krone. So kannst du auch das Klebeband abdecken. Am einfachsten geht es mit Heißkleber, bitte dazu am besten einen Erwachsenen um Hilfe.

1

2

3

4a

4b

5

6

Waldtier-Puppen aus Pappe

Wenn du gerne Puppentheater spielst, kannst du dir mit wenigen Schritten ein paar süße Waldtier-Puppen für dein Theaterspiel basteln. Vielleicht fallen dir beim Basteln auch gleich die passenden Geschichten dazu ein, die du erzählen möchtest.

Das brauchst du

- Vorlage Waldtier-Puppen
- Pappe
  (Tipp: Nutze Papp-schachteln, die dir der Postbote gebracht hat.)
- Bleistift
- Schere
- Farbe
- Pinsel
- Schwarzen Stift
- Holzstäbe
- Klebeband

So geht's

1 Mithilfe der Vorlage von Seite 89 zeichnest du die Figuren auf Pappe auf. Du kannst auch eigene Vorlagen erstellen und die Tiere zeichnen, die du gerne möchtest. Anschließend schneidest du die Figuren mit einer Schere aus.

2 Mit Farbe und Pinsel malst du die Gesichtszeichnungen der Tiere auf die Pappe. Wenn die Farbe getrocknet ist, zeichnest du den Figuren mit einem schwarzen Stift Augen, Nase und vielleicht einen Mund.

3 Für den Stiel der Puppen kannst du kleine Holzstäbe verwenden, zum Beispiel gesammelte Eisstiele oder kleine Holzlöffel. Klebe den Stiel bzw. den Löffel mit Klebeband hinten an den Figuren fest.

1

2

3

Vogel-Kranz aus Walnüssen

Normalerweise basteln wir im Herbst Kränze aus Kastanien. Doch dieses Mal hatten wir die Idee, anstelle von Kastanien Walnüsse zu verwenden und diese in Vögelchen zu verwandeln. Mit einigen kleinen grünen Zweigen eines Nadelbaums sieht der Kranz aus wie eine lustige Vogelrunde.

Das brauchst du

- Weißes und gelbes Bastelpapier
- Locher
- Walnüsse
- Schwarzen Stift
- Flüssigen Klebstoff
- Braunen Filz
- Schere
- Federn
- Holzring zum Basteln (alternativ schneidest du einen Kranz aus Pappe aus)
- Zweige von einem Nadelbaum
- Heißkleber

So geht's

1 Schnappe dir weißes Papier und einen Locher und stanze damit die Augen für die Walnuss-Vögel aus.

2 Klebe die Augen mit flüssigem Kleber auf die Walnüsse.

3 Mit einem schwarzen Stift zeichnest du die Pupillen in die weißen Vogelaugen.

4 Aus gelbem Bastelpapier schneidest du die Schnäbel für die Vögel aus und klebst sie ebenfalls auf die Walnüsse.

5 Die Flügel für die Vögel schneidest du aus braunem Filz aus. Klebe sie an die Seiten der Walnüsse.

6 Wenn du ein paar Federn zur Hand hast, kannst du diese als Vogelschwanz hinten an die Walnüsse kleben.

7 Nun nimmst du dir den Holzring. Mit den Zweigen von einem Nadelbaum und etwas flüssigem Klebstoff verkleidest du den Ring. So hast du eine grüne Sitzfläche für die kleinen Vögelchen.

8 Wenn du den gesamten Holzring mit grünen Zweigen verkleidet hast, klebst du die fertigen Walnuss-Vögel darauf fest. Am besten verwendest du dazu Heißkleber und bittest einen Erwachsenen, dir zu helfen.

1

2

3

4

5

6

7

8

DONSJE
DONSJE

Kleine Reh-Tasche aus Papptellern

Pappteller sind ein vielseitiges Bastelmaterial. Man kann so viele schöne Sachen daraus machen. Da meine Tochter eine leidenschaftliche Taschenliebhaberin ist, entstand aus Papptellern diese kleine Reh-Tasche.

Das brauchst du

- Zwei Pappteller
- Lineal
- Bleistift
- Schere
- Acrylfarben
- Pinsel
- Schwarzen Stift
- Flüssigen Klebstoff
- Band

So geht's

1 Mithilfe eines Lineals ziehst du auf der Rückseite eines Papptellers eine gerade Linie. Diese Linie bestimmt nachher die Größe der Taschenöffnung. Schneide den Teller entlang der Linie in zwei Teile. Hebe das Reststück auf, daraus kannst du später die Ohren basteln.

2 Lege den zurechtgeschnittenen Pappteller auf den zweiten Teller. Mit einem Bleistift kannst du die Kante des ersten Tellers auf den zweiten zeichnen und ebenfalls den oberen Teil abschneiden.

3 Zeichne mit einem Bleistift das Gesicht des Rehs auf die Rückseite eines der beiden Teller. Mit deinen Wunschfarben malst du das Gesicht des Rehs mit einem Pinsel aus. Den zweiten Teller kannst du vollständig bemalen, er ist das Hinterteil des Rehkopfes. Lass die Farben gut trocknen.

4 Aus den oberen abgeschnitten Teilen der Pappteller kannst du in der Zwischenzeit zwei Ohren schneiden und diese ebenfalls bunt anmalen.

5 Wenn die Teller getrocknet sind, kannst du das Gesicht und den hinteren Teil bemalen. Für die Augen und die Nase verwendest du einen schwarzen Stift. Die weißen Punkte kannst du ganz einfach mit einem Wattestäbchen, welches du in weiße Farbe tunkst, auftupfen. Lass die Farben gut trocknen.

6 Klebe die Ohren an dem Teller mit Gesicht fest. Nimm dir dann ein Band zur Hand und lege es wie einen Taschengurt über deine Schulter, damit du die gewünschte Länge für deine Handtasche bestimmen kannst, und schneide es mit der Schere ab. Das Band klebst du ebenfalls an der Rückseite des Gesichts fest.

7 Klebe zum Schluss den zweiten Teller am ersten Teller fest. Achte darauf, dass du die Teller bündig aneinanderklebst.

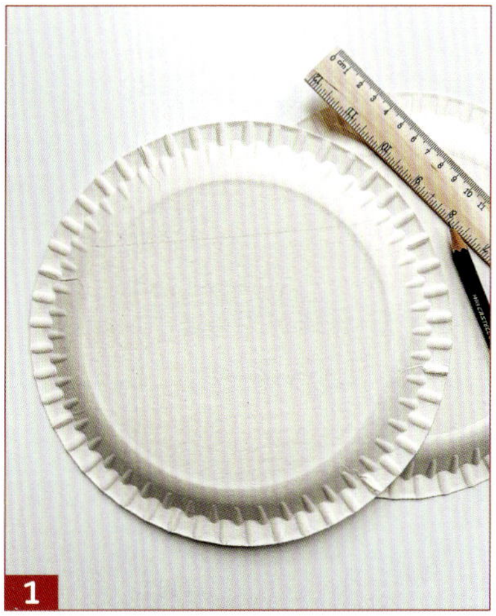

1

2

3

4

5

6

7

Kleine Rehbock-Aufsteller

Diese kleinen Rehböcke sind eine süße Dekoration. Du kannst sie aber auch toll verschenken und auf der Hinterseite eine liebe Botschaft hinterlassen.

Das brauchst du

- Holzscheiben (Birkenscheiben)
- Säge
- Weißes, schwarzes und braunes Bastelpapier
- Bleistift
- Schere
- Flüssigen Klebstoff
- Schwarzen Stift
- Weiße Acrylfarbe
- Wattestäbchen
- Äste
- Eventuell Heißkleber

So geht's

1 Damit die Rehböckchen stehen können, bitte einen Erwachsenen, die Baumscheiben an einem Teil gerade abzusägen.

2 Lege die Holzscheibe auf das weiße Bastelpapier und zeichne den Umriss der Scheibe darauf. In diesen Umriss kannst du nun das Gesicht hineinzeichnen. Schneide es aus und klebe es auf die Holzscheibe.

3 Auf schwarzes und braunes Bastelpapier kannst du die Nase und die Ohren aufzeichnen. Schneide sie mit einer Schere aus und klebe sie an der Holzscheibe fest.

4 Mit einem schwarzen Stift zeichnest du deinem Rehbock Augen. Die weißen Punkte kannst du ganz einfach mit ein wenig weißer Acrylfarbe und einem Wattestäbchen auf die Holzscheiben tupfen. Wenn du magst, kannst du mit der weißen Farbe die Ohren bemalen. Lass die Farbe gut trocknen.

5 Zum Schluss bekommt dein Rehbock natürlich noch ein Geweih. Klebe dafür jeweils zwei gleichgroße Äste oben an die Baumscheibe. Solltest du hier Heißkleber verwenden, bitte einen Erwachsenen um Hilfe.

1

2

3

4

5

Pilz-Lampe

Wenn es im Herbst früher dunkel wird, versprühen kleine Lichter Gemütlichkeit. Passend zur Jahreszeit kam mir die Idee, eine kleine Lampe selbst zu basteln. Und was passt am besten zum Thema Herbst? – eine Pilz-Lampe.

Das brauchst du

- Feste Pappe oder alte Kartons
- Bleistift
- Schere
- Weiße und rote Acrylfarbe
- Pinsel
- Stupfpinsel
- Flüssigkleber
- Metallspieß
- Lichterkette
- Klebestreifen
- Schnur oder Kordel

So geht's

1 Den Hut und den Stiel des Pilzes stellst du aus Pappe her. Am besten kannst du dazu Reste alter Kartons verwenden, die sind sehr stabil. Mit einem Bleistift zeichnest du den Pilzhut und den Stiel auf die Pappe auf.

2 Schneide Stiel und Hut aus und lege dir die Farben für den Pilz zurecht.

3 Male mit einem Pinsel den Pilzhut und den Stiel farbig an und lass die Farbe gut trocknen.

4 Die weißen Punkte auf dem Pilzhut kannst du mit einem Stupfpinsel ganz einfach auftupfen. Lass sie anschließend gut trocknen.

5 Nun klebst du den Pilzhut an den Stiel. Lass auch hier den Flüssigkleber gut trocknen.

6 Mit einem Metallspieß oder einer sehr dicken Nadel stichst du nun Löcher in die Mitte der weißen Punkte. Lass dir dabei von einem Erwachsenen helfen. Durch diese Löcher sollen nachher die Lichter leuchten.

7 Stecke jetzt von hinten durch jedes durchgestochene Loch ein Licht. Um dem Ganzen etwas mehr Halt zu geben, kannst du die Lichterkette auf der Rückseite des Pilzes mit Klebestreifen fixieren.

8 Knote ein Stück Schnur zu einer Schlaufe. Mit etwas flüssigem Klebstoff befestigst du sie hinter dem Pilzhut an der Pappe. Jetzt kannst du deine Pilz-Lampe aufhängen.

1

2

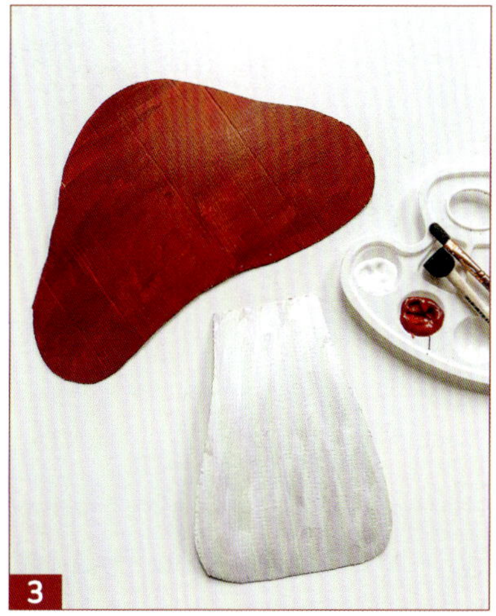
3

4

5

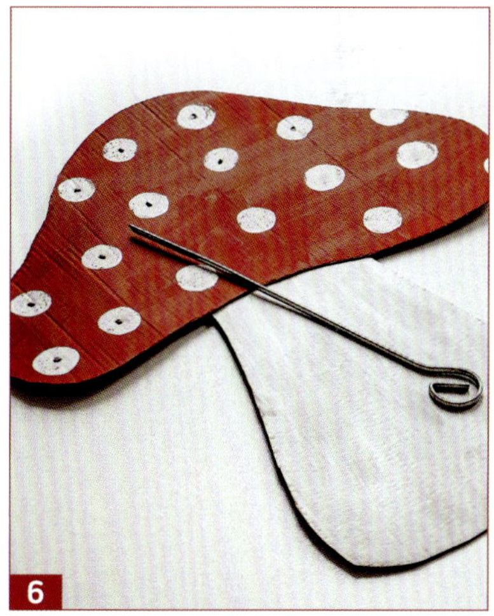
6

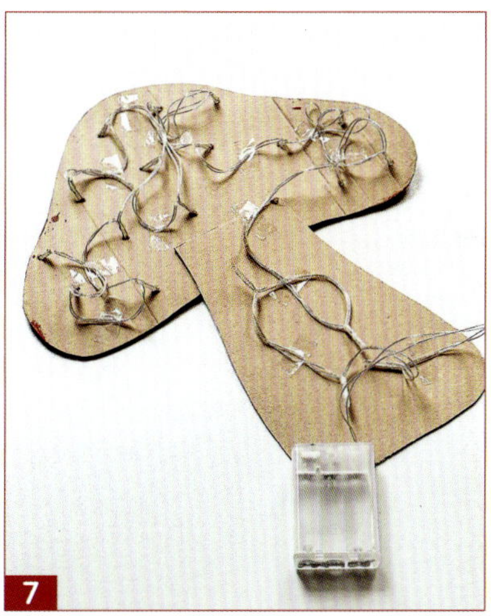
7

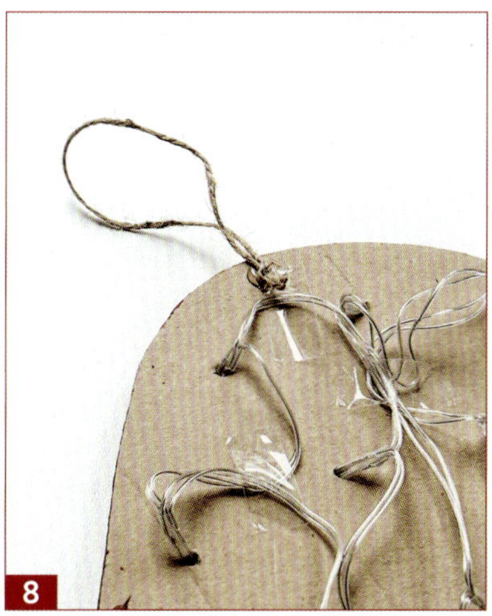
8

Lustige Waldtier-Masken

Bei uns zu Hause ist Verkleiden ein beliebtes Spiel. Dazu verwenden wir gern Masken. Und mit selbst gebastelten Masken macht das Spielen gleich noch mehr Spaß. Welches Tier möchtest du gern sein?

Das brauchst du

- Pappteller
- Bleistift
- Schere
- Acrylfarben
- Pinsel
- Bastelpapier in verschiedenen Farben
- Flüssigen Klebstoff
- Papierstrohhalme

So geht's

1 Als Erstes halbierst du einen Pappteller. Am einfachsten geht es, wenn du ihn einmal in der Mitte zusammenklappst und dann mit der Schere entlang der Faltlinie schneidest.

2 Auf die Rückseite der halbierten Teller zeichnest du mit einem Bleistift die Ausschnitte für die Augen auf und schneidest diese aus.

3 Nun kannst du die Masken mit den Grundfarben deiner gewünschten Tiere bemalen. Lass die Farbe anschließend gut trocknen.

4 Aus Bastelpapier stellst du die Gesichter für deine Masken her. Schneide Nasen, Ohren, Schnauzen, Schnurrhaare, Stacheln, oder was dein Tier sonst braucht, aus dem Papier aus. Falls du kein Bastelpapier in der passenden Farbe hast, kannst du auch weißes ganz einfach anmalen. Klebe die Teile auf und an deine Maske und verleihe deinem Waldtier so ein lustiges Gesicht. Deiner Fantasie sind hier keine Grenzen gesetzt.

5 Als Stiel nutzt du die Papierstrohhalme. Klebe einfach je einen Strohhalm hinter die Masken.

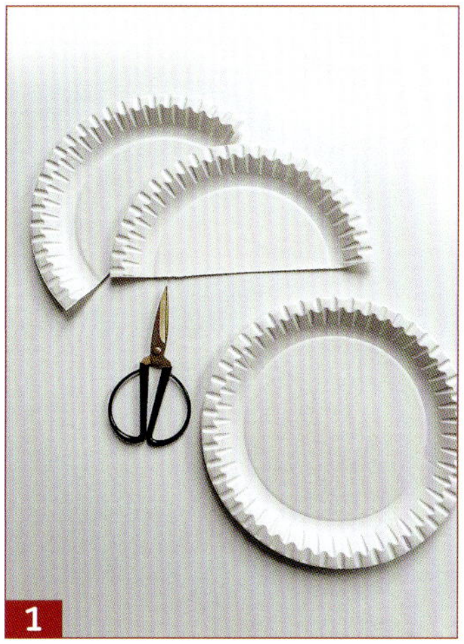

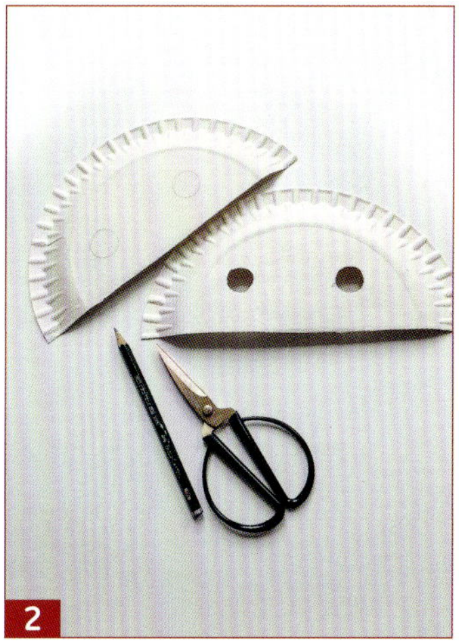

Herbstkranz aus Papierblättern

Aus Papier kannst du ganz einfach tolle Blätter basteln. Mithilfe eines Stickrahmens und etwas Kleber lassen sie sich hübsch in Szene setzen.

Das brauchst du

- Vorlage Blätter
- Bastelpapier in verschiedenen Farben
- Bleistift
- Schere
- Klebestift oder flüssigen Klebstoff
- Stickrahmen
- Heißkleber

So geht's

1 Für die Blätter kannst du gern die Vorlage von Seite 92 verwenden. Pause die Vorlage ab, schneide sie aus und zeichne sie auf Bastelpapier in deiner Wunschfarbe.

2 Schneide die aufgezeichneten Blätter aus und falte jedes Blatt wie eine Ziehharmonika. Am besten hat jeder Knick hier eine Breite von etwa 1 cm.

3 Wenn du die Blätter gefaltet hast, klappe sie einmal in der Mitte zusammen, das ist deine Klebefläche.

4 Klebe die Blätter an den Klebeflächen zusammen und lass den Kleber gut trocknen.

5 Nun kannst du dir einen Stickrahmen oder einen anderen Bastelrahmen deiner Wahl zur Hand nehmen und darauf die Blätter so verteilen, wie du sie gern festkleben möchtest.

6 Zum Festkleben der Blätter an den Rahmen empfehle ich dir Heißkleber. Bitte dazu einen Erwachsenen um Hilfe.

1

2

3

4

5

6

Süße Eichhörnchen

Für diese putzigen Eichhörnchen brauchst du nur wenige Materialien – das Besondere an ihnen ist der Schwanz. Längliche Tannenzapfen, die du beim Spaziergang gesammelt hast, eignen sich dafür perfekt.

Das brauchst du

- Vorlage Eichhörnchen
- Leere Toilettenpapierrollen
- Bleistift
- Schere
- Schwarzen Stift
- Weißen Stift
- Gesammelte Tannenzapfen und Eicheln
- Heißkleber

So geht's

1 Als Erstes drückst du die leere Toilettenpapierrolle flach, so lässt sich das Eichhörnchen besser darauf zeichnen. Dazu kannst du die Vorlage von Seite 90 nutzen, oder du zeichnest selbst ein Eichhörnchen auf die leere Toilettenpapierrolle.

2 Schneide das Eichhörnchen aus und male ihm mit den Stiften Augen, Ohren, Nase, Hände und Füße auf.

3 Nun bekommt dein Eichhörnchen einen Schwanz. Klebe dazu den Tannenzapfen mit Heißkleber an das Eichhörnchen. Bitte hierbei einen Erwachsenen um Hilfe. Die Eichel kannst du zwischen den Händen des Eichhörnchens festkleben. Dann sieht es aus, als ob es diese gerade gesammelt hat.

1

2

3

Kleine Gespenster-Girlande

Wie wäre es mit einer kleinen schaurig-süßen Girlande für Halloween? Dann ran an die Schere, diese Girlande ist wirklich kinderleicht.

Das brauchst du

- Vorlage Gespenster
- Alte Buchseiten oder Zeitungen
- Bleistift
- Schere
- Locher
- Schnur oder Kordel
- Kleine Holzwäscheklammern

So geht's

1 Zeichne kleine Gespenster auf alte Buchseiten oder Zeitungspapier. Du kannst sie frei Hand zeichnen, oder du verwendest die Vorlage von Seite 91.

2 Schneide die Geister aus. Anschließend stanzt du mit einem Locher die Augen der Gespenster aus.

3 Nimm dir eine dickere Schnur oder Kordel und schneide diese auf die gewünschte Länge deiner Girlande. Mithilfe von kleinen Wäscheklammern kannst du die Gespenster an der Girlande befestigen.

Die kleine fliegende Hexe

Die kleine Hexe fliegt am liebsten bei Vollmond. Dank des Holzstabes kannst du sie auf dem Teller hin und her fliegen lassen, bis sie müde wird.

Das brauchst du

- Pappteller
- Schwarze, gelbe und weiße Farbe
- Pinsel
- Wattestäbchen
- Vorlage Hexe
- Bleistift
- Bastelpapier in verschiedenen Farben
- Schere
- Schwarzen und rosafarbenen Stift
- Wollreste
- Flüssigen Klebstoff
- 1 kleinen Holzstab (z.B. Eisstiel), 1 längeren Holzstab (z.B. Mundspatel)
- Rollenschneider oder Cuttermesser

So geht's

1 Als Erstes malst du einen Pappteller mit schwarzer Farbe an. Lass die Farbe gut trocknen.

2 Anschließend kannst du mit gelber Farbe den Mond auf den Teller malen. Auch hier ist es wichtig, die Farbe gut trocknen zu lassen.

3 Die Sterne am Himmel kannst du mit einem Wattestäbchen und weißer Farbe auf den Teller tupfen.

4 Während die Farbe trocknet, kannst du mithilfe der Vorlage von Seite 91 den Körper, Kopf und Hut der Hexe auf Bastelpapier aufzeichnen und anschließend ausschneiden. Mit Stiften zeichnest du der kleinen Hexe ein Gesicht. Den Besen bastelst du aus einem kleinen Holzstab, zum Beispiel einem Eisstiel, an dessen Ende du Wollreste klebst. Die Haare der Hexe entstehen ebenfalls aus Wollresten. Schneide sie zurecht und klebe die Haare dann an den Kopf der Hexe. Klebe anschließend den Hut oben an den Kopf und das Kleid unten an den Kopf. Die Hexe selbst klebst du an den Besen. Zum Schluss klebst du die Hexe auf dem Besen an einen langen Holzstab.

5 Wenn der Teller fertig getrocknet ist, machst du mithilfe eines Rollenschneiders oder eines Cuttermessers einen Schnitt im unteren Teil. Lass dir dabei von einem Erwachsenen helfen. Dieser Schnitt ist dafür da, um den langen Holzstab hindurchzustecken und so die Hexe auf ihrem Besen am Himmel fliegen zu lassen.

1

2

3

4

5

Saftige Fliegenpilz-Muffins

Nach einem herbstlichen Spaziergang freust du dich sicher, wenn es zu Hause etwas Leckeres zu essen gibt. Sonntags dürfen es bei uns gern Kuchen oder Muffins sein. Diese Fliegenpilz-Muffins schmecken durch die Kombination von Apfel und Zimt nach Herbst und sind dank des Apfelmarks dazu noch supersaftig.

Das brauchst du

Das Rezept entspricht ca. 16 Muffins

- 150 Gramm Butter
- 2 Eier
- 150 Gramm Zucker
- 200 Gramm Apfelmark
- 275 Gramm Mehl
- 2 TL Zimt
- 1 TL Backpulver
- 1 Prise Salz
- 200 Gramm Puderzucker
- 3-4 EL Wasser
- Rote Lebensmittelfarbe
- Weiße Zuckerperlen

So geht's

1 Heize den Backofen bei Umluft auf 180 Grad vor (Ober-/Unterhitze 200 Grad) und lege die Muffinförmchen auf einem Backblech zurecht. Du kannst hier normale Papierförmchen nehmen oder welche aus Silikon. Wenn du eine feste Muffinform hast, dann fette sie mit etwas Butter gut ein oder setze die Förmchen in die Vertiefungen.

2 Gib die Butter in einen Topf und lass sie auf dem Herd bei kleiner Temperatur schmelzen. Wenn die Butter geschmolzen ist, gibst du sie mit den Eiern und dem Zucker in eine Schüssel und schlägst sie mit dem Handmixer schaumig. Gib dann das Apfelmark hinzu und mixe die Masse nochmals durch, bis sich alles gut verbunden hat.

3 In einer zweiten Schüssel vermischst du nun das Mehl, den Zimt, das Backpulver und eine Prise Salz. Anschließend gibst du die trockenen Zutaten in die Schüssel mit dem flüssigen Teig und verrührst sie mit dem Handmixer zu einem gleichmäßigen Teig.

4 Nun kannst du den Teig gleichmäßig in die Muffinförmchen verteilen und diese dann im Backofen etwa 15–20 Minuten backen.

TIPP: Stich zur Probe mit einem Holzstäbchen in einen der Muffins, der Teig sollte nicht mehr an dem Stäbchen kleben bleiben.

5 Nach dem Backen holst du die Muffins aus dem Ofen und lässt sie vollständig auskühlen. Sonst kann es passieren, dass der Guss zerläuft.

6 Für den Guss schüttest du den Puderzucker in eine Schüssel und gibst vorsichtig das Wasser hinzu. Alles gut verrühren, der Guss sollte nicht zu flüssig und nicht zu fest sein. Wenn er zu flüssig wird, kannst du einfach etwas mehr Puderzucker hinzufügen. Zum Schluss gibst du einige Tropfen der roten Lebensmittelfarbe hinzu und rührst gut um, bis der Guss gleichmäßig eingefärbt ist. (Die Lebensmittelfarbe kann den Guss evtl. auch etwas verflüssigen.)

7 Wenn der Guss die für dich perfekte Farbe und Konsistenz hat, verteilst du ihn mit einem Löffel auf den Muffins. Direkt im Anschluss streust du einige der weißen Zuckerperlen darauf.

TIPP: Wenn du es noch fruchtiger möchtest, kannst du auch einen zerriebenen Apfel unter die Teigmasse mischen. Oder wenn du es lieber schokoladig magst, mischt du einige Schokotröpfchen unter den Teig.

Kleine Feen-Welt

Du möchtest gern eine eigene kleine Feen- oder Elfenwelt basteln?
Das geht ganz einfach! Und das Beste ist, du kannst diese Märchenwelt jederzeit erweitern.
Mit kleinen Baumscheiben und etwas Moos kannst du deine Landschaft dekorieren.

Das brauchst du

- Leere Toilettenpapierrollen / Küchenrollen
- Bleistift
- Schere
- Bastelpapier
- Weißen Stift
- Flüssigen Klebstoff
- Holzfiguren
- Verschiedene Acrylfarben
- Pinsel
- Kleine Laubblätter in etwa derselben Größe
- Heißkleber

So geht's

1 Wir beginnen mit den Häusern für die Feen-Welt. Dazu kannst du verschiedene Toilettenpapier- oder Küchenrollen verwenden. Mit einem Bleistift zeichnest du den Umriss einer Tür auf die Rolle. Mithilfe eines Tellers zeichnest du einen Halbkreis auf ein Stück Bastelpapier. Daraus wird gleich das Dach für das Haus gebastelt.

2 Schneide die Tür aus der Rolle aus und ebenso den Halbkreis aus dem Bastelpapier. Mit einem Stift kannst du nun noch Fenster auf die Rolle malen.

3 Für das Dach rollst du den ausgeschnittenen Halbkreis zu einem Kegel zusammen und klebst die Kanten aneinander. Anschließend klebst du das Dach auf der Rolle fest.

4 Bemale nun die Holzfiguren in deinen Wunschfarben. Lass die Farbe gut trocknen.

5 Für die Flügel der Feen verwendest du kleine Laubblätter, die ungefähr die gleiche Größe haben. Diese klebst du an der Rückseite der Figuren fest. Damit die Flügel gut halten, verwendest du am besten Heißkleber. Frag bitte einen Erwachsenen, ob er dir dabei hilft. Jetzt kannst du deine eigene kleine Feen-Welt gestalten. Ein paar Baumscheiben können als Boden dienen.

1

2

3

4

5a

5b

Tannenzapfen-Schneeeule

Mit nur wenigen Materialien kannst du diese knuffigen kleinen Schneeeulen zaubern.

Das brauchst du

- Tannenzapfen
- Wattebäusche
- Schwarzen und weißen Filz
- Schere
- Schwarzen Filzstift oder Permanentmarker
- Gelben Bastelkarton
- Wackelaugen
- Flüssigen Klebstoff

So geht's

1 Zupfe die Wattebäusche in kleine Stücke und stecke die Wattestückchen zwischen die Schuppen des Tannenzapfens. Mache das so lange, bis dein Tannenzapfen ein ausreichendes „Gefieder" hat.

2 Schneide aus dem schwarzen Filz den Schnabel für deine Eule aus und aus dem weißen Filz die Flügel. Mit einem schwarzen Filzstift oder Permanentmarker kannst du ein Muster auf die Flügel malen.

3 Aus gelbem Bastelkarton schneidest du nun zwei Kreise aus. Wenn du einen Stanzer zu Hause hast, kannst du die zwei Kreise auch ausstanzen. Beachte hierbei, die Kreise müssen größer als die Wackelaugen sein. Die Wackelaugen klebst du mittig auf die Kreise aus Bastelkarton.

4 Nun geht es ans Zusammensetzen der Eule. Klebe die Augen, den Schnabel und die Flügel an den mit Watte ausgestopften Tannenzapfen. Am besten halten die Teile, wenn du sie an einer Schuppe des Zapfens befestigst. Wenn du sie an die Watte klebst, kann es sein, dass die Watte aus der Schuppe fällt.

1

2

3

4

Waldtier-Anhänger aus Eierkarton

Mit diesem einfachen DIY kannst du dir ein paar kleine Anhänger für die Wand basteln. Alles, was du dazu brauchst, findest du zu Hause, und deiner Fantasie sind hier keine Grenzen gesetzt. Egal ob Reh, Dachs, Fuchs oder Bär, du kannst all die Tiere gestalten, die dir einfallen.

Das brauchst du

- Leere Eierkartons
- Schere
- Stift
- Verschiedene Acrylfarben
- Pinsel
- Pappe
- Lochzange
- Schnur
- Lineal
- Flüssigen Klebstoff

So geht's

1 Nimm dir die leeren Eierkartons und schneide die „Nasen“ heraus. Achte dabei darauf, dass du jeweils links und rechts den Boden des Eierkartons dranlässt. Aus diesen werden nämlich die Ohren gebastelt.

2 Wenn du dir überlegt hast, welche Tiere du machen möchtest, zeichnest du mit einem Stift die passenden Ohren auf die Böden des Eierkartons. Die „Nase“ aus dem Eierkarton wird das Gesicht. Schneide anschließend die Ohren aus.

3 Mit Acrylfarbe kannst du die Tiere nun anmalen. Lass die Farbe anschließend gut trocknen.

4 Wenn die Farbe getrocknet ist, kannst du deinen Tieren ihre Gesichter aufmalen. Am besten gelingt dies ebenfalls mit Acrylfarbe. Lass die bemalten Tiergesichter gut trocknen.

5 Als Nächstes benötigst du runde Pappkreise. Am einfachsten ist es, wenn du dir ein großes Glas oder einen kleinen Teller als Schablone nimmst und damit Kreise auf die Pappe zeichnest. Mit einer Lochzange stanzt du oben zwei kleine Löcher nebeneinander in jeden Pappkreis. Die Löcher benötigst du später für die Aufhängung.

TIPP: Du kannst hier gerne gemusterte Pappe verwenden, oder du malst dir mit einem Stift selbst ein Muster auf die Pappe, so ergibt es einen schönen Hintergrund.

6 Schneide nun ein Stück Schnur mit einer Länge von etwa 30 cm zurecht und stecke es durch die Löcher in den runden Pappkreisen. Anschließend verknotest du die Schnur, sodass du eine Schlaufe zum Aufhängen hast. Zum Schluss klebst du die bemalten und getrockneten Eierkartons mittig auf die Pappkreise.

1

2

3

4

5

6

Eulen-Laterne

Ich geh mit meiner Laterne und meine Laterne mit mir ...
Für meine Tochter ist das Lichterfest jedes Jahr ein ganz besonderes Ereignis, auf das sie sich schon Wochen im Voraus freut. Und zu jedem Lichterfest basteln wir eine neue Laterne. Für dieses Jahr hat sie sich eine Eulen-Laterne gewünscht. Außer einem leeren Milchkarton benötigst du für diese Laterne nur Transparentpapier – den Rest hast du mit Sicherheit zu Hause.

Das brauchst du

- Leeren Milchkarton
- Lineal
- Stift
- Scharfes Messer
- Schere
- Transparentpapier in verschiedenen Farben
- Weißes und schwarzes Bastelpapier
- Klebestift und flüssigen Klebstoff
- Vorlage Eule
- Braunes Bastel- oder Kraftpapier
- Lochzange
- Schnur
- Kleine Lichterkette oder LED-Teelicht

So geht's

1 Zeichne mit einem Lineal eine gerade Linie am oberen Teil des Milchkartons, dies wird der Teil, der abgeschnitten werden soll. Am besten bittest du einen Erwachsenen um Hilfe, damit dieser dir den oberen Teil des Kartons mit einem scharfen Messer abschneidet. Anschließend kannst du die bedruckte Folie vom Karton abziehen.

2 Mithilfe eines Glases kannst du nun einen Kreis auf den unteren Teil des Milchkartons zeichnen. Das Loch muss ausgeschnitten werden, dafür bittest du am besten einen Erwachsenen um Hilfe. Dieser kann für dich mit einem scharfen Messer ein Loch in den Kreis einschneiden. So hast du einen Anfang, um den Kreis mit einer Schere ausschneiden zu können.

3 Nimm dir nun Transparentpapier und schneide ein Stück zurecht, das größer als der ausgeschnittene Kreis ist und in den Milchkarton hineinpasst. Klebe das Transparentpapier innen in den Milchkarton, sodass der ausgeschnittene Kreis bedeckt ist.

4 Suche dir weiteres Transparentpapier in verschiedenen Farben aus, mit dem du das Gefieder deiner Eule gestalten möchtest. Schneide das Transparentpapier in schmale Streifen – und diese dann in kleine Dreiecke. Klebe die Dreiecke mit einem Klebestift nun von außen auf den Bauch der Eule und verkleide sie damit, wie es dir gefällt.

5 Aus weißem Bastelpapier schneidest du zwei runde Kreise aus, diese werden zu Federkränzen um die Augen der Eule. Aus schwarzem Bastelpapier schneidest du zwei kleinere Kreise für die Augen aus und eine Raute für den Schnabel. Falte die Raute einmal in der Mitte zusammen und klappe sie wieder auf.

6 Klebe die schwarzen Kreise auf die größeren weißen Kreise. Danach kannst du das weiße Papier bis zu den schwarzen Kreisen rundherum mit einer Schere etwas einschneiden. Für die Stirn kannst du die Vorlage von Seite 90 verwenden. Diese zeichnest du auf Transparentpapier und schneidest sie aus.

7 Klebe die Stirn, Augen und Schnabel an die Eule. Für die Flügel faltest du zwei Streifen Bastelpapier oder Kraftpapier in der Größe 20 x 10 cm jeweils wie eine Ziehharmonika. Wenn du bis an das Ende gefaltet hast, knickst du die Ziehharmonika jeweils einmal in der Mitte und klappst sie dann wieder auseinander. Schneide mit der Schere kleine Dreiecke aus, so erhält der Flügel ein schönes Muster. Danach kannst du den gefalteten Streifen mittig zusammenkleben.

8 Klebe die Flügel mit flüssigem Klebstoff seitlich an die Eule. Wenn du noch Federn findest, kannst du sie ebenfalls als Ohren an die Eule kleben. Mithilfe einer Lochzange stanzt du oben, am offenen Ende des Milchkartons, jeweils ein Loch in die Seite. Durch die Löcher ziehst du nun ein Stück Schnur, welches du dann zu einer Schlaufe zusammenbindest. So kannst du die Eule an deinem Laternenstab befestigen. Als Beleuchtung eignet sich eine kleine Lichterkette oder ein LED-Teelicht, das du in die Eule stellst.

1

2

3

4

5

6

7

8

Rehbock-Haarreif

Bei uns zu Hause ist es das ganze Jahr ein Spaß sich zu verkleiden.
Und natürlich darf die passende Kopfbedeckung bei einem Kostüm nicht fehlen.
Hättest du Lust, dich als Reh zu verkleiden?

Das brauchst du

- Einen schmalen Haarreif
- Kordel, am besten eine Jutekordel
- Flüssigen Klebstoff
- Chenilledraht (Pfeifenreinigerdraht)
- Alufolie
- Heißkleber
- Moos
- Kleine Tannenzapfen und Eicheln
- Vorlage Reh-Ohren
- Braunen und weißen Filz

So geht's

1 Als Erstes umwickelst du den Haarreif mit der Kordel. Damit die Kordel am Anfang nicht abrutscht, klebst du sie am unteren Ende des Haarreifs fest. Auch das Ende klebst du fest.

2 Das Geweih bastelst du aus Chenilledraht. Daraus kannst du dir leicht das Grundgerüst für das Geweih zurechtbiegen. Nimm dafür einfach mehrere kleinere Stücke, die du um ein längeres Stück Draht biegst.

3 Um dem Geweih Stabilität zu verleihen, wickelst du es am besten mit Alufolie ein, bis du das Gefühl hast, dass es fest ist.

4 Wie der Haarreif wird nun auch das Geweih mit der Kordel umwickelt. Befestige die Kordel am Anfang und am Ende mit flüssigem Klebstoff. Achte darauf, dass du die Kordel sehr stramm wickelst, das gibt dem Geweih mehr Halt.

5 Wenn du beide Teile des Geweihs mit der Kordel umwickelt hast, schneidest du das untere Ende so ab, das nichts mehr von dem Chenilledraht oder der Alufolie zu sehen ist. Dann klebst du beide Teile an den Haarreif. Dies hält am besten mit Heißkleber. Bestimmt kann dir ein Erwachsener dabei helfen.

6 Nun nimmst du dir deine gesammelten Schätze von draußen: Moos, kleine Tannenzapfen, Eicheln oder das, was du in der Natur gefunden hast und gerne an dem Haarreif befestigen möchtest. Zusammen mit einem Erwachsenen kannst du diese mit Heißkleber ganz nach deinen Wünschen an dem Haarreif festkleben.

7 Für die Ohren verwendest du Filz. Du kannst sie mithilfe der Vorlage von Seite 93 auf den Filzstoff aufmalen und dann ausschneiden. Klebe den hellen Teil des Ohres auf den dunkleren Filz. Wenn du die Enden jeweils mittig etwas zusammenklebst, erhältst du die typische Reh-Ohren-Form. Zuletzt klebst du die Ohren ebenfalls an den Haarreif.

1

2

3

4

5

6

7

Lustige Herbst-Ketten

Mit gesammelten Eicheln kannst du so viel machen – sogar Schmuck! Wie wäre es mit einer herbstlichen Kette? Mit etwas Farbe und einem Stift kannst du lustige Gesichter auf die Eicheln zeichnen. Und mit Bügelperlen bekommt die Kette noch etwas Farbe.

Das brauchst du

- Eicheln
- Verschiedene Acrylfarben
- Pinsel
- Permanentmarker oder schwarze und weiße Acrylstifte
- Bügelperlen
- Schnur oder Wolle
- Flüssigen Klebstoff

So geht's

1 Als Erstes bemalst du die Eicheln mit deinen Wunschfarben. Lass die Farben gut trocknen.

2 Mit Permanentmarkern oder Acrylstiften kannst du die Gesichter auf die Eicheln malen.

3 Schneide Wolle oder Schnur deiner Wahl auf die Länge ab, die du deiner Kette gern geben möchtest. Fädele an jedem Ende so viele Bügelperlen in deinen Lieblingsfarben auf, wie es dir gefällt. Achte dabei darauf, dass sie nicht wieder abrutschen. Anschließend klebst du jeweils die Enden der Schnur an die Enden der Eichel – fertig ist deine Kette.

1

2

3

Igel-Kekse

Bei uns wird gern gebacken, am liebsten am Wochenende. Dann machen wir es uns mit unseren süßen Leckereien gemütlich. In der Küche habe ich eine fleißige kleine Helferin, die es liebt, vom Teig zu naschen. Natürlich auch vom Teig für diese süßen kleinen Igel.

Das brauchst du

Das Rezept reicht für etwa 25 Igel

- 210 Gramm weiche Butter
- 85 Gramm Zucker
- 1 Päckchen Vanillezucker
- 350 Gramm Mehl
- 1 Eigelb
- Schokotropfen
- Schokoglasur
- Schokostreusel

So geht's

1 Für die Kekse gibst du die Butter, den Zucker und Vanillezucker, das Eigelb und das Mehl in eine Schüssel. Verknete alles mit den Händen so lange, bis du einen geschmeidigen Teig erhältst.

2 Leg dir ein Backblech mit Backpapier darauf zurecht und heize den Backofen auf 180 Grad Ober-/Unterhitze (bei Umluft auf 160 Grad) vor.

3 Rolle nun mit den Händen kleine Kugeln aus dem Teig und forme mit den Fingern eine kleine Spitze an jeder Kugel. Diese soll die Schnauze des Igels sein. Gib die Kugel auf ein mit Backpapier ausgelegtes Backblech und drücke sie etwas flach. Wiederhole das so lange, bis der Teig aufgebraucht ist. Lass aber etwas Abstand zwischen den einzelnen Igeln, denn der Teig wächst während des Backens.

4 Nun kannst du mit den Schokotropfen die Augen des Igels in den Teig drücken.

5 Gib das Backblech in den Backofen und lass die Kekse etwa 15–18 Minuten backen. Anschließend lässt du die Kekse gut auskühlen. Sie härten noch aus.

6 Wenn die Kekse ausgekühlt sind, lässt du die Schokoglasur im Wasserbad oder in der Mikrowelle schmelzen. Ein Erwachsener hilft dir bestimmt dabei. In der Zwischenzeit kannst du die Schokostreusel in eine Schüssel geben.

7 Sobald die Schokolade geschmolzen ist, tunkst du die Hinterteile der Igel in die Glasur und drückst sie danach in die Schüssel mit den Schokostreuseln. Lege die Igel zum Trocknen auf ein Stück Backpapier oder Alufolie.

8 Zum Schluss bekommen deine Igel noch eine Nase. Tauche dazu einen Holzstab in die geschmolzene Schokolade und tupfe damit anschließend jeweils ein Näschen auf die Spitze jeder Igelschnauze. Lass die Kekse gut trocknen.

Halloween-Kürbis-Windlichter

In der immer dunkler werdenden Jahreszeit zünden wir uns zu Hause gern kleine Lichter an. Und zur Halloween-Zeit darf die Kürbis-Beleuchtung natürlich nicht fehlen. Als Alternative zum klassischen echten Kürbis sind diese Kürbis-Windlichter kinderleicht zu basteln und halten auch viel länger.

Das brauchst du

- Orangefarbenes Seidenpapier
- Schere
- Luftballon
- Serviettenkleber oder Tapetenkleister
- Breiten Pinsel
- Schwarzen Permanentmarker
- LED-Teelicht

So geht's

1 Schneide das Seidenpapier in kleine Stücke. Du kannst es auch gern mit den Händen zerreißen, ganz wie du magst. Nimm dann einen Luftballon und puste ihn auf, er bestimmt die Größe des Windlichts.

2 Ein kleiner Tipp: Stelle den Luftballon in ein Glas oder eine Tasse, so bekommt er einen besseren Halt. Lege dir nun den Serviettenkleber oder Tapetenkleister und einen breiten Pinsel zurecht und streiche den Ballon zu 2/3 damit ein. Dann drückst du die Seidenpapier-Schnipsel darauf fest. Der Ballon sollte etwas mehr als zur Hälfte mit Papier bedeckt sein – dies wird die Höhe deines Windlichts.

3 Wenn du mit der ersten Schicht fertig bist, pinselst du den Ballon noch einmal mit Kleber ein und bedeckst alles mit einer zweiten Schicht. Um dem Windlicht einen guten Halt zu geben, solltest du 2–3 Schichten auftragen. Zum Schluss pinselst du den Ballon noch einmal mit Kleber ein und lässt ihn gut durchtrocknen – am besten über Nacht.

4 Der Ballon ist trocken, wenn der Kleber durchsichtig geworden ist und das Seidenpapier leuchtend orange glänzt. Als Nächstes schneidest du den Ballon ein, sodass die Luft entweicht. Er löst sich dann von deinem Windlicht.

5 Mit einer Schere kannst du den Rand deines Windlichts noch schön sauber zurechtschneiden.

6 Nun braucht dein Kürbis nur noch ein Gesicht. Male ihm mit einem schwarzen Permanentmarker eine lustige Grimasse oder ein schauriges Grinsen. Stelle ein LED-Teelicht in deinen Kürbis und bringe ihn so zum Leuchten.

1

2

3

4

5

6

Kastanien-Fangbecher

Im Herbst Kastanien zu sammeln ist einfach ein Muss bei uns. Aus ihnen lässt sich so viel Schönes basteln: Von einem Kranz bis hin zu lustigen Tieren ist alles möglich. Hast du schon einmal einen Kastanien-Fangbecher gebastelt? Je länger die Schnur ist, desto schwieriger wird das Spiel. Also auf die Plätze, fertig, los …

Das brauchst du

- Pappbecher
- Graue Acrylfarbe
- Pinsel
- Vorlage Fangbecher
- Graues und weißes Bastelpapier
- Bleistift
- Schere
- Schwarzen Stift
- Bastelkleber
- Kastanien
- Kastanienbohrer
- Kordel oder Schnur
- Lochzange
- Holzstab / Bastelstab

So geht's

1 Male den Pappbecher mit der grauen Acrylfarbe von außen an. Lasse ihn danach gut trocknen.

2 Mithilfe der Schablone von Seite 94 kannst du die Teile des Waschbärkörpers auf Bastelpapier übertragen. Anschließend schneidest du alle Teile aus. Die Streifen auf dem Schwanz und das Innere der Ohren sowie Augen und Nase kannst du mit einem schwarzen Stift aufmalen. Klebe die Teile anschließend an den Pappbecher.

3 Als Nächstes lässt du dir von einem Erwachsenen mit dem Kastanienbohrer ein Loch durch eine Kastanie bohren. Durch dieses Loch fädelst du anschließend ein Stück Kordel und knotest es gut fest.

4 Mit einer Lochzange kannst du ein Loch in den Rand des Pappbechers stanzen und dort das andere Ende der Kordel durchfädeln. Beachte hier, je länger die Kordel ist, desto schwieriger wird es später, die Kastanie zu fangen.

1

2

3

4

5 Jetzt braucht dein Becher noch einen Griff zum Festhalten. Um den Holzstab am Becher zu befestigen, schneidest du den Pappbecherboden mittig ein, achte dabei darauf, dass der Schnitt nur so lang ist, wie der Holzstab breit ist.

TIPP: Sollte der Fangbecher wackelig auf dem Holzstab sitzen, kann eine Fixierung mit Heißkleber helfen. Bitte einen Erwachsenen dir mit dem heißen Kleber zu helfen. Dieser muss dann sowohl von innen, als auch von außen um den Schnitt und an dem Stab verteilt werden. Wenn der Kleber ausgehärtet ist, hat der Fangbecher mehr Halt.

5

Eulen-Amerikaner

Macht es dir Spaß, Kekse und andere süße Leckereien zu verzieren? Dann sind diese Amerikaner genau das Richtige für dich! Diese niedlichen Eulen sind dank Zuckerguss, ein paar Keksen und Schokolinsen ruckzuck verziert und dazu unfassbar lecker.

Das brauchst du

- 120 Gramm weiche Butter
- 100 Gramm Zucker
- 2 Eier
- 250 Gramm Mehl
- 1 Päckchen Vanillepudding
- 3 TL Backpulver
- 1 Prise Salz
- 90 ml Milch (für den Teig)

Zum Verzieren

- 200 Gramm Puderzucker
- 3–4 EL Milch (für den Guss)
- Lebensmittelfarbe
- Kleine Doppelkekse
- Bunte Schokolinsen

So geht's

1 Heize den Backofen auf 180 Grad Ober-/Unterhitze (160 Grad Umluft) vor und lege zwei Backbleche mit Backpapier aus.

2 Gib die weiche Butter mit dem Zucker in eine Schüssel und schlage die Masse mit einem Handmixer oder einer Küchenmaschine schön schaumig. Das kann ein paar Minuten dauern. Anschließend gibst du nacheinander die beiden Eier hinzu und rührst diese gut unter.

3 In einer zweiten Schüssel vermischst du das Mehl mit dem Vanillepuddingpulver, dem Backpulver und einer Prise Salz. Diese Mischung kannst du nun abwechselnd mit der Milch unter die Butter-Zucker-Ei-Masse rühren. Achte darauf, dass der Teig am Ende recht fest ist, er sollte auf keinen Fall weich sein. Sollte der Teig doch zu weich werden, dann kannst du so lange Mehl hinzugeben, bis er die richtige Konsistenz hat.

4 Fülle den Teig nun in einen Spritzbeutel ohne Tülle. Damit kannst du kleine, etwa 6 cm große, Haufen auf die mit Backpapier ausgelegten Backbleche spritzen. Lass zwischen den einzelnen Teigklecksen ausreichend Platz, denn die Amerikaner gehen beim Backen auf.

5 Schiebe die Backbleche in den Ofen auf die mittleren Schienen und backe sie etwa 12–16 Minuten. Sie sind gut, wenn sie bei Druck noch leicht federn. Um dich nicht zu verbrennen, nimm am besten einen Löffelstiel, mit dem du den Druck testest. Lass sie nicht zu lange im Ofen, nur so bleiben sie schön saftig. Wenn die Amerikaner fertig gebacken sind, nimm sie aus dem Backofen und lass sie gut auskühlen.

6 Für den Guss verrührst du in einer Schüssel den Puderzucker mit 3–4 EL Milch, wenn du bunte Eulen möchtest, gibst du ein paar Tropfen Lebensmittelfarbe deiner Wahl hinzu. Achtung, die Lebensmittelfarbe kann den Guss flüssiger machen. Ist dies der Fall, gib einfach etwas mehr Puderzucker hinzu. Der Guss sollte nicht zu flüssig sein, sondern so fest, dass er nicht von den Amerikanern herunterläuft.

7 Für die Augen der Eulen trennst du einfach die Hälften eines Doppelkekses voneinander. Außerdem benötigst du ein paar Schokolinsen. Leg dir diese Zutaten für die Eulen zurecht, bevor du den Guss auf die Amerikaner gibst.

8 Nun geht's ans Verzieren: Löse die Amerikaner vom Backblech am besten mit einer Kuchenschaufel oder einem kleinen Messer. Auf die flache Seite gibst du etwas von dem Guss und verteilst ihn gleichmäßig. Darauf legst du nun die Kekshälften als Auge und klebst mit etwas Guss je eine Schokolinse darauf. Für den Schnabel steckst du eine Schokolinse zwischen die Augen in den Guss hinein.

Vorlagen

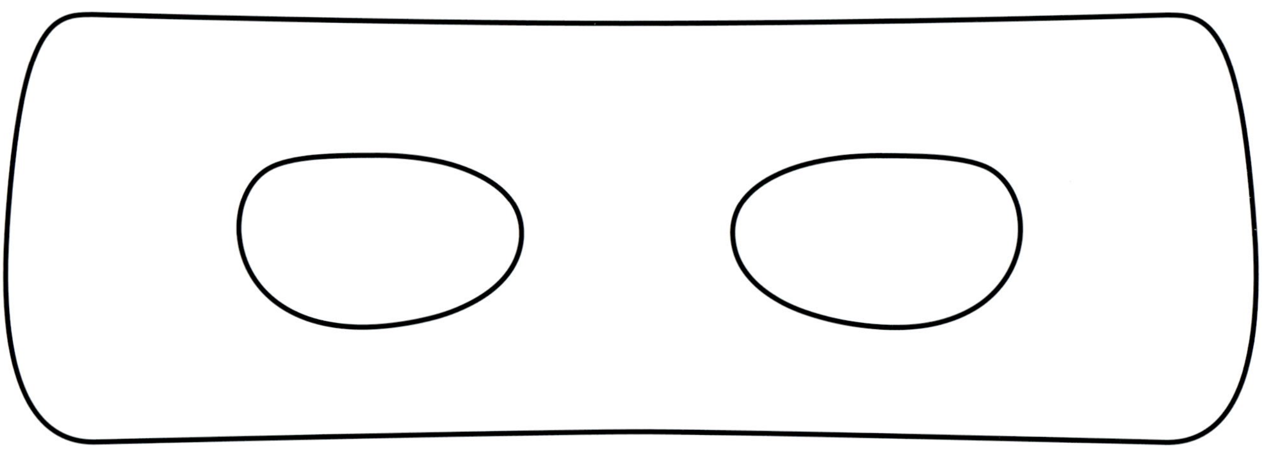

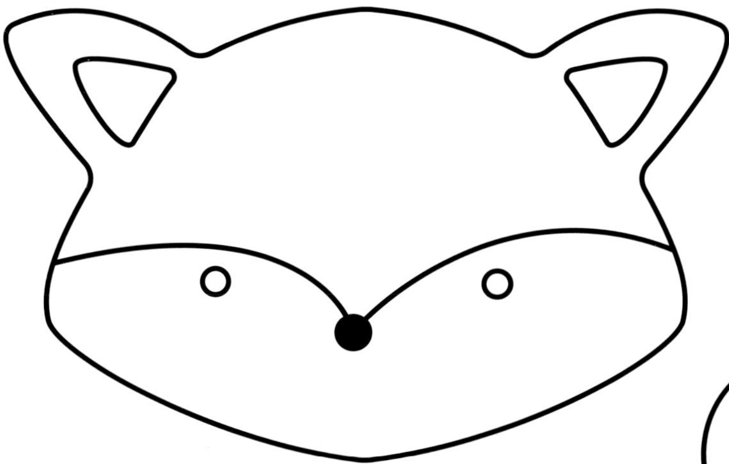

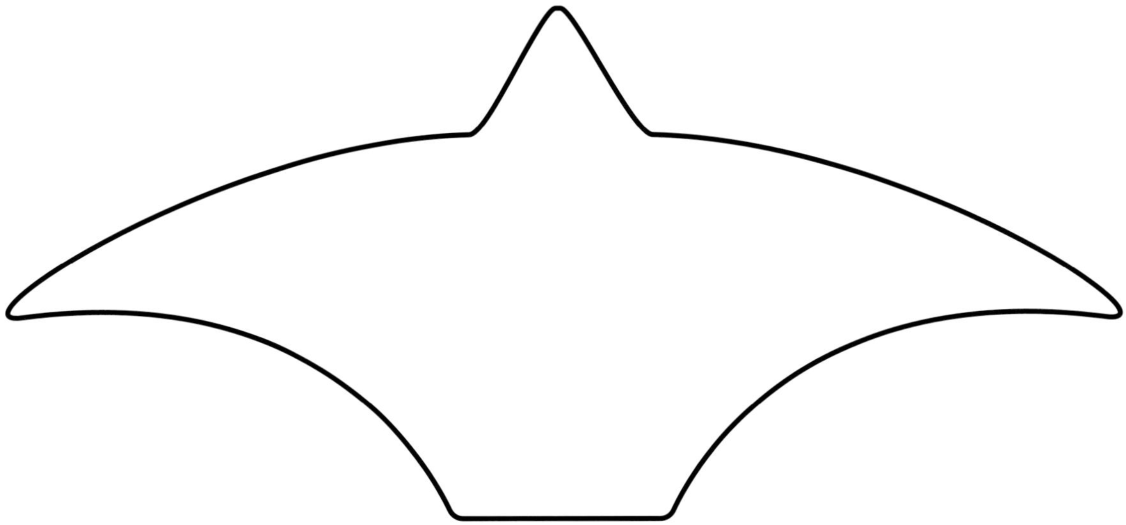

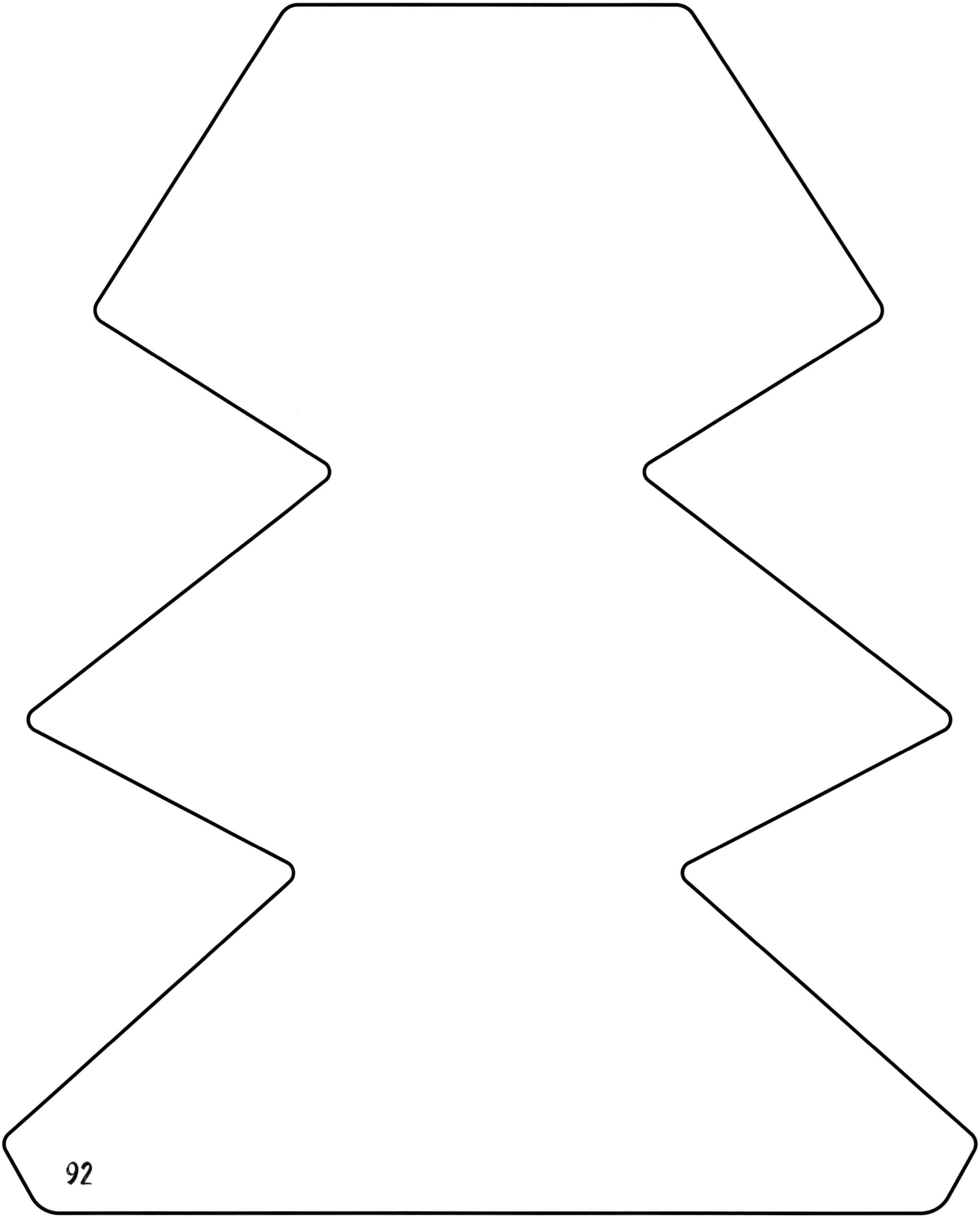

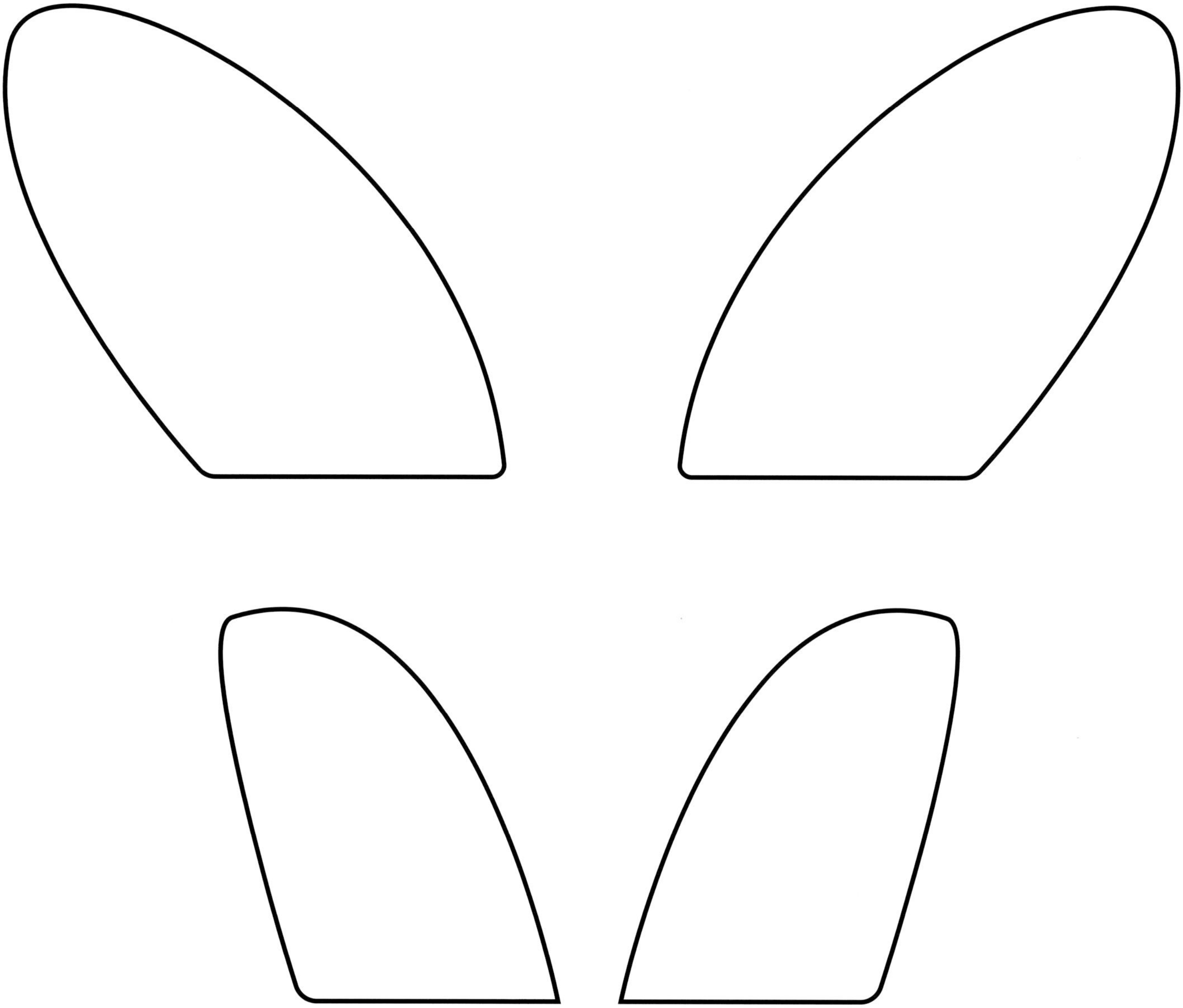

Ebenfalls erhältlich ...

ISBN 978-3-8411-0299-7

ISBN 978-3-8411-0304-8

ISBN 978-3-8411-0298-0

ISBN 978-3-8411-0277-5

CV

www.christophorus-verlag.de

Impressum

Autorin: Jasmin Markiewicz
Fotos, Styling & Vorlagen: Jasmin Markiewicz
Produktmanagement: Lena Denu
Lektorat: Elena Bruns
Korrektorat: Susen Truffel-Reiff
Umschlaggestaltung: Regina Degenkolbe, Mathias Frisch
Layout und Satz: Elke Mader
Repro: LUDWIG:media
Herstellung: Julia Hegele
Printed in in Türkiye by Elma Basim

★★★★★

Sind Sie mit diesem Titel zufrieden? Dann würden wir uns über Ihre Weiterempfehlung freuen. Erzählen Sie es im Freundeskreis, berichten Sie Ihrem Buchhändler oder bewerten Sie bei Onlinekauf. Und wenn Sie Kritik, Korrekturen oder Aktualisierungen haben, freuen wir uns über Ihre Nachricht an: Christian Verlag, Postfach 40 02 09, 80702 München oder per E-Mail an lektorat@verlagshaus.de.

Unser komplettes Programm finden Sie unter

www.christophorus-verlag.de

Bildnachweis Shutterstock: Social Media Hub (Hintergrund); Kanthida.J, GoodStudio (Blätter)
Nachzeichnen der Vorlagen: Marcus Taeschner, a flock of sheep

Die Deutsche Nationalbibliothek verzeichnet diese Publikation in der Deutschen Nationalbibliografie; detaillierte bibliografische Daten sind im Internet über www.dnb.de abrufbar.

Infanteriestraße 11a
80797 München

ISBN 978-3-8411-0307-9

Kreativ-Service

Sie haben Fragen zu unseren Büchern und Materialien? Wir beraten Sie gern rund um alle Kreativthemen. Rufen Sie uns einfach an. Wir interessieren uns auch für Ihre eigenen Ideen und Anregungen. Sie erreichen uns per E-Mail: **kreativ-service@c-verlag.de** oder unter der Tel.: **+49 (0)89-1306 99 577**.

Besuchen Sie uns im Internet: www.christophorus-verlag.de & www.selbstgemacht.de